AF496342

REQUÊTE AU ROY,

POUR

BALTHAZAR-PASCAL CELSE,

FILS AINÉ DU ROY,

ET HÉRITIER PRÉSOMPTIF

DES ROYAUMES

DE TIMOR ET DE SOLOR

DANS LES MOLUQUES.

Non unquam tulit
Documenta fors majora.
Senec. Troad.

A PARIS,
De l'Imprimerie de KNAPEN, au bas du Pont S. Michel, au Bon Protecteur.

M. DCC. LXVIII.

AU ROI.

IRE,

UN PRINCE ſuppliant & malheureux oſe embraſſer les genoux de VOTRE MAJESTÉ : le Fils d'un Roi, l'Héritier préſomptif d'une Couronne, ravi dès ſa plus tendre enfance à ſa Patrie, tranſplanté dans une Terre étrangere, réduit à deſirer de ſe cacher à lui-même ce qu'il eſt, ſollicite une grace que Votre humanité ne refuſe à aucun de vos Sujets; c'eſt celle de pouvoir mettre à vos pieds le récit de ſes infortunes. Que VOTRE MAJESTÉ daigne y prêter quelqu'attention, & qu'Elle ſe laiſſe enſuite aller aux mouvemens de ſon cœur!

Le Prince de *Timor* eſt né dans l'Iſle qui porte ce nom, & dont la Providence lui avoit deſtiné l'Empire: s'il eſt vrai, comme on le croit, trop généralement peut-être, que ce ſoit la puiſſance & l'étendue des domaines qui rendent un Souverain reſpectable, celui de Timor mérite d'être diſtingué au milieu de cette foule de Princes dont l'Inde eſt remplie; ſon indépendance eſt abſolue, il ne voit que DIEU au-deſſus de lui. Ni les Portugais ni les Hollandois, ces uſurpateurs célébres de tant de Couronnes qu'ils ont flétries, n'ont pu ternir l'éclat de celle de *Timor*: ils font un riche commerce dans l'Iſle, mais ils n'y ſont que les premiers Sujets; ils y ont porté le Chriſtianiſme, dont les Timoriens ſont aujourd'hui de zélés Sectateurs: le Prince Balthazar eſt loin de s'en prendre à cette Religion divine des malheurs qu'il a eſſuyés; pourquoi faut-il qu'il ne puiſſe de même en diſculper les Miniſtres?

Dans la plupart de ces Contrées, on a reçu des Colonies de ces Religieux fervens, qui ſuivoient autrefois les Négocians dans les Pays riches, & qui avoient ſoin d'inſtruire les Peuples que leurs Compatriotes dépouilloient. Ce ſont des Dominicains que leur zéle a fixés à Timor: ils ont long-temps mérité le reſpect que l'on prodiguoit à leur habit: le Roi regnant entr'autres avoit pour eux les égards les plus grands, la conſidération la plus marquée; il avoit choiſi un d'eux pour préſider à l'éducation de ſon fils aîné, du Prince infortuné dont il s'agit ici.

Cet Inſtituteur artificieux, nommé Ignace, étoit Portugais;

il démentoit par la souplesse de son caractere la fierté trop reprochée à ses Compatriotes. C'étoit un homme adroit, complaisant, attentif, fait pour le manége, capable des plus noires manœuvres, né avec un cœur assez méchant pour les imaginer, & un esprit assez subtil pour les conduire heureusement.

A peine fut-il chargé de l'emploi précieux de faire éclorre les premiers germes de la vertu dans l'ame du jeune Prince, qu'on l'entendit insinuer, sans affectation des plans de voyage, & parler de la nécessité de dépayser l'Héritier d'une Couronne pour le former. C'étoit, disoit-il, loin des douceurs du Palais paternel; loin de l'illusion dangereuse que porte dans les esprits la proximité du Trône, qu'un Prince devoit apprendre à régner; c'est ainsi qu'en Europe les Maîtres des Nations faisoient l'apprentissage de leurs glorieuses & pénibles fonctions.

Toutes ces circonstances sont encore bien présentes à l'esprit du Prince: les objets dont on reçoit l'impression dans l'enfance, sont ceux dont la mémoire se conserve le plus long-temps; & les malheurs, dont les faits qu'on vient de raconter ont été suivis, les ont gravés dans sa mémoire avec des traits ineffaçables.

Par ses insinuations adroites, le rusé Gouverneur préparoit l'esprit du Roi; il l'accoutumoit à l'idée de voir son Fils livré à la discrétion & aux soins d'un étranger; son plan étoit-il dès-lors d'amener le desir & l'exécution d'un voyage de long cours, de s'approprier les richesses dont il prévoyoit que le Prince de Timor seroit chargé à son départ? Ou ne vouloit-il jouir que de la considération attachée au titre & à l'emploi de Gouverneur du Fils d'un Souverain? Est-ce l'occasion qui a changé des vues innocentes en un attentat atroce? C'est ce que le Prince Balthazar ignore; ce qu'il sçait, c'est que sous prétexte de vouloir l'instruire on l'a perdu.

Le Dominicain, pour familiarifer l'efprit du Roi avec l'idée d'une féparation, l'engagea d'abord à fouffrir un voyage peu éloigné. Son Fils entroit dans l'âge de participer au Myftere le plus étonnant & le plus facré de tous ceux que la Religion nous offre : Ignace prétendit que la pompe de la cérémonie devoit être proportionnée à la grandeur du Sacrement ; il fit entendre que Macao, où fe trouvoient un Evêque & un Clergé nombreux, étoit un lieu plus propre pour cet événement qu'une Ifle, chrétienne à la vérité, mais cultivée par de fimples Miffionnaires, qui ne peuvent donner à la célébration des Myftères, la Majefté que demande une femblable occafion ; il perfuada ; on lui confia le Prince pour le conduire à Macao ; il le ramena fans inconvénient : & les progrès que parut avoir fait fon Eleve pendant cette courte abfence, devinrent le fujet d'un triomphe pour le perfide Inftituteur.

Le Roi preffé ne réfifta plus à l'idée de mettre fon Succeffeur en état d'aller puifer à leur fource les connoiffances de l'Europe: il fe réfolut à le voir partir ; feulement, comme s'il eût percé dans l'avenir, comme s'il eût voulu prendre des précautions contre la deftinée, comme s'il eût fenti la néceffité de confacrer fon Fils par un caractère qu'on ne pût méconnoître, il le foumit à une épreuve indifpenfable, fuivant les ufages du Pays : elle confiftoit dans l'application de quelques marques ineffaçables, empreintes fur une partie du corps: c'eft cette opération qui diftingue à Timor les Princes du Sang Royal; le Fils aîné du Roi porte la marque fur le poignet ; c'étoit un foible talifman contre la perfidie d'un homme tel que le P. Ignace : Il s'embarque avec fon Eleve, ou plutôt avec fa proie ; les *corcorres* des Indiens ne pouvant fuffire à un voyage de long cours, on choifit un bâtiment Portugais ; la tendreffe inquiète du Pere, charge le vaiffeau de toutes les richeffes qui pouvoient l'aider à foutenir fon rang dans tous les Pays du monde : il prodigue l'or, les pierreries, les bijoux de prix : il sembloit qu'il voulût, à force de profusion, piquer de générosité le Religieux qu'il constituoit l'économe de tant de trésors, & éluder son avidité en lui fournissant de quoi la satisfaire, sans dépouiller entierement le maître légitime.

Si le Roi avoit eû quelque chose de plus précieux que ses trésors & son Fils, il le lui auroit sans doute confié ; le fourbe avoit sçu même le rassurer contre les dangers ordinaires d'une si longue route ; il lui avoit fait espérer que tant qu'il accompagneroit son Eleve, une Puissance supérieure veilleroit sur ses jours ; & le Roi l'avoit cru.

On donna au jeune Voyageur pour le conduire autant d'Esclaves qu'il fut possible d'en embarquer sur le vaisseau : ils étoient au nombre de trente ; Ignace avoit sur eux un pouvoir absolu, & tel que l'auroit eu le Prince lui-même, s'il eût été en âge d'en user.

On partit ; l'idée de ce moment se retrace encore vivement tous les jours à la mémoire du Prince de Timor ; tel étoit son aveuglement, qu'il croyoit avoir à se féliciter en abandonnant le Royaume qui devoit lui obéir, & les parens qui le chérissoient ; il se reprochoit presque les larmes qu'il rendoit à leur attendrissement ; le Religieux tranquille triomphoit de voir la victime remise entre ses mains ; il faisoit honte à son Eleve de ses prétendues foiblesses, & le jeune Prince s'efforçoit de couvrir d'une indifférence apparente l'inquiétude que lui inspiroit déjà le pressentiment de son infortune.

A Macao, le Dominicain, sous le prétexte de quelque séjour, quitta le bâtiment Portugais ; là il commença par se défaire d'une partie de ses Esclaves, dont le nombre l'embarrassoit ; il en vendit vingt-six, réservant ceux sur la fidélité desquels il croyoit pouvoir compter davantage : une grande partie des effets furent échangés contre des marchandiſes propres à être commercées en Europe. Ignace ne jugea pas à propos de repartir directement de Macao. Il étoit intéreſſant pour lui de faire perdre la trace de ſa marche. Il quitta la Ville avec le plus grand myſtere, & conduiſit le Prince à Quangtong, éloigné de Macao d'environ trente lieues.

C'eſt là que le Dominicain a commencé ouvertement à exécuter ſon plan : il choiſit à la vérité pour ſon habitation le Ham Portugais; mais il eut ſoin de reſſerrer étroitement ſon diſciple: le Prince ne parloit à perſonne ; à la place des ornemens qu'il portoit, on le vêtit d'un habillement Portugais des plus ſimples. Il étoit bien facile au Religieux de donner des motifs à ſa conduite : le jeune homme le croyoit en tout ; il le conſideroit comme ſon protecteur, comme ſa ſauve-garde ; & les actes qui préparoient ſa perte, il les regardoit comme des preuves de la prévoyance & de l'amitié de ſon Gouverneur.

Ignace ſe garda bien de ſe ſervir, pour quitter la Chine, d'un bâtiment Portugais ; il eut grand ſoin de ne pas demander ſon paſſage à des Hollandois, qui ont des relations à Timor & ſouvent des guerres à ſoutenir contre le Roi: au bout de quelques jours, il s'aſſura du paſſage ſur un bâtiment François, nommé le Duc de Bethune.

Il pouſſa plus loin ſes précautions. Le grand point étoit d'empêcher que les gens de l'équipage ne connuſſent le rang de leur Paſſager. Les Eſclaves étoient ſûrs ſans doute, mais le Prince lui-même pouvoit parler : il ſçavoit un peu de Portugais ; il pouvoit trouver à ſe faire entendre. Il ne falloit qu'un mot, un ſigne pour le déceler.

Cet inconvénient a été prévu par un ſtratagême bien étrange: c'eſt dans cette occaſion ſur-tout que le coupable Gouverneur a cruellement abusé de l'ascendant que son âge & sa commission lui donnoient sur un enfant timide : il trouva le moyen de frapper l'esprit du jeune Balthazar de l'idée la plus extraordinaire & la plus ridicule. Cette Nation douce & humaine, chez laquelle tous les Princes maltraités par la fortune sont sûrs de trouver des cœurs généreux & compatissans ; le hardi Jacobin la lui peignit comme une association de monstres féroces ; il lui persuada que les François, pour qui le seul nom de Roi est si cher & si respectable, ne parcouroient les mers & les pays éloignés que pour se saisir de la personne des Rois, qu'ils n'avoient point de plaisir si vif que celui de les tuer & de les manger lorsqu'ils étoient en leur puissance.

Pour éviter un sort si cruel, il lui persuada, sans peine, de se déguiser sous l'habit d'un Esclave, & de garder sur son rang le plus profond silence dans la traversée : ainsi flétri des signes extérieurs de la servitude, le Prince avoit encore l'ingénuité de remercier le fourbe audacieux qui le dégradoit : dans sa timide simplicité, il admiroit avec reconnoissance l'adresse de son Gouverneur, qui par cette ruse utile lui faisoit éviter un péril redoutable.

Cependant soit qu'une pudeur secrete retînt encore le Religieux, soit qu'il crût devoir se menager des excuses pour le cas où sa manœuvre seroit découverte, il annonçoit dans le vaisseau que l'Esclave prétendu devoit obtenir quelques distinctions : le Prince portoit toujours des vêtemens moins communs que ceux des véritables Esclaves ; il prenoit ses repas à l'office, tandis que les Esclaves mangeoient sur le pont. Pour le Pere Ignace il avoit la table du Capitaine.

Dans la traversée, à la hauteur de l'Ascension, le navire rencontra deux bâtimens Portugais ; un Evêque & des Jésuites de cette Nation embarqués sur le Montaran, qui faisoit route de conserve avec le Duc de Bethune, monterent sur ces vaisseaux & gagnerent le Portugal : le Prince s'étonnoit de ce que le P. Ignace ne suivoit pas leur exemple, il lui tardoit de s'éloigner de cette Nation odieuse & barbare, au milieu de laquelle il avoit tant à craindre : l'infidéle Gouverneur l'assura qu'en gardant son secret il seroit en sûreté, lui dit qu'il seroit intéressant de voir la France, & qu'il regagneroit le Portugal presqu'aussitôt que les Jésuites embarqués sur l'autre vaisseau.

Après une navigation de neuf mois, on aborda au Port de l'Orient : l'époque à laquelle le Fils du Roi de Timor a vu la plus belle Contrée de l'Europe, est celle où il a essuyé le malheur le plus terrible.

Depuis long temps le Pere Ignace l'avoit habitué à se tenir éloigné de lui ; il lui fit comprendre qu'il étoit obligé de sortir seul du navire, de faire transporter les effets & de disposer un logement avant que de le conduire à bord ; il continua à lui recommander la plus grande circonspection : le Prince le vit sans défiance s'éloigner, & l'attendit patiemment pendant trois jours : enfin l'inquiétude le prit, il commença à s'effrayer d'une si longue solitude : il étoit dans cette situation lorsque le Capitaine qui l'apperçut, lui demanda ce qu'il faisoit là. J'attends le Pere Ignace, dit l'infortuné ; il est parti depuis trois jours, reprit le Capitaine.

On n'essaye point de peindre la situation du Prince à ce coup de foudre. C'est à l'imagination à s'en former l'idée ; mais il n'y a point de terme pour la rendre ; le jeune Balthazar se croyoit au dernier jour de sa vie, & il n'étoit qu'au premier de ses maux ; dans un âge plus avancé, la mort auroit été sa ressource ; son cœur flétri, pressé par la douleur, n'en auroit pu supporter le choc ; il auroit, avec quelque sorte de satisfaction, ouvert de ses propres mains pour s'y anéantir à jamais, cette terre sur laquelle

quelle se découvroit à ses yeux une si horrible trahison.

Les passions de l'enfance sont plus vives que durables, & ses pertes moins douloureuses. Le Prince consentit à vivre dans l'espérance machinale d'un meilleur sort; mais l'unique moyen qu'il trouva pour se conserver à cette espérance fut le comble de l'humiliation : les Officiers, les riches Marchands ne faisoient point d'attention à son état. La prospérité ferme les yeux & endurcit le cœur. Ce n'est guere que dans le sein de l'indigence que le pauvre trouve des ressources & des consolations : un Cuisinier consentit à devenir le pere du Prince abandonné, & le Prince reconnoissant ne refusa point d'aider dans ses travaux le Bienfaiteur qui le nourrissoit.

C'étoit déjà quelque chose d'assez étrange que l'abaissement de l'héritier présomptif d'un grand Royaume, à des fonctions serviles : ce ne fut pas tout, l'emploi du Cuisinier compatissant n'étoit ni fixe ni sédentaire, il falloit qu'il se transportât de l'Orient à Saint-Malo, son associé l'y suivit; il fut obligé de s'embarquer pour une traversée de plusieurs mois, & le Prince ne pût s'en séparer; la fortune qui avoit arrêté qu'il seroit privé de tous ses appuis, lui enleva encore celui là : Le Protecteur mourut, & l'enchaînement des circonstances fut tel qu'il ne resta au protégé d'autre ressource que de s'engager sur un Vaisseau qui partoit pour le Canada à condition d'y exercer le métier que la nécessité lui avoit appris : ainsi par la plus bisarre & la plus inconcevable de toutes les singularités, un enfant né du sang Royal près de l'Equateur, alloit faire la cuisine à des Mousses de Vaisseau au milieu des glaces de la nouvelle France. Qu'on rassemble ces particularités, & que l'on voie si l'imagination la plus déréglée, en voulant créer un être sur la tête duquel la destinée auroit épuisé toutes ses rigueurs pourroit prendre un modèle plus étonnant d'infortune.

A Quebec, le Prince obtint une place sur un Paquebot, qui

conduisoit des Prisonniers Anglois à Falmouth, il passa en Angleterre, d'où il revint à Bordeaux.

Près de cinq ans s'étoient écoulés dans ces voyages; le Prince avoit acquis de l'expérience, il avoit assez vu les François pour appercevoir combien étoient fausses les imputations dont le Moine Portugais les avoit chargés; il avoit acquis l'intelligence de leur langue, il avoit cru reconnoître que bien loin d'avoir à craindre chez eux des violences, un Prince malheureux ne devoit y attendre que des secours.

Il ne s'est point trompé, & s'il a été long-temps à se plaindre de son sort, ce n'est pas que dans tous les ordres de la Nation, il n'ait trouvé des cœurs sensibles & bienfaisants, mais ses malheurs ont un caractère si étrange que bien des esprits se refusent à la persuasion; s'il est dans la société, des personnes que le récit de l'infortune émeut vivement, il s'en trouve aussi qui craindroient de compromettre leur prétendue sagacité, en ajoutant foi aux assertions d'un étranger isolé. Ames foibles & insensibles! ce n'est point la perte de votre appui que l'on doit regretter; mais les exemples ont une influence nécessaire sur les actions des hommes: & combien de cœurs généreux se resserrent uniquement parce que d'autres ont refusé de s'ouvrir!

Personne n'étoit encore instruit du secret de la naissance du jeune Balthazar. Les idées dont le Dominicain l'avoit prévenu l'avoient d'abord arrêté: d'ailleurs il auroit été trop humiliant pour lui de déclarer sans fruit sa naissance & de porter dans son abaissement un titre qui ne doit jamais être avili; il sondoit le terrein, il tachoit de connoître par des questions indirectes quel intérêt on pourroit prendre dans ce Royaume au fils d'un Souverain enlevé à ses parens; il prenoit en recueillant les opinions des éclaircissemens &

des mesures. C'est alors qu'il entrevit la route qu'il pouvoi tenir, & à qui il pouvoit avoir recours pour se procurer son retour à Timor.

Une petite somme amassée par son économie, lui a servi à se rendre à Paris ; il s'est fait connoître. Des personnes de distinction auxquelles le hasard & son bonheur l'ont adressé l'ont accueilli avec intérêt. La Compagnie des Indes à leur recommandation lui a accordé son passage à la Chine sur un de ses Vaisseaux qui étoit près de mettre à la voile.

Il crut toucher au terme de ses infortunes, mais la grace lui avoit été faite trop tard : quelque diligence qu'il eût faite pour se rendre à l'Orient, le bâtiment avoit levé l'ancre & il ne pût en profiter.

Dans ces premiers momens il avoit regardé ce contre-temps comme un facheux accident ; bien tôt on lui fit appercevoir qu'il s'abusoit. Quelle imprudence n'auroit-il pas commise en s'embarquant pour la Chine sans sçavoir quelles ressources il trouveroit pour séjourner dans le pays & pour passer de-là à Timor? Que devoit-il attendre de son retour dans son Royaume? Sçavoit-il si son pere vivoit encore ? L'un de ses freres n'étoit-il pas monté sur le Trône ? N'étoit-il pas possible que les guerres qui sont fréquentes dans ces Isles, eussent causé des révolutions ?

Il changea de plan ; il résolut de ne pas s'embarquer sans être instruit de la situation dans laquelle seroient les Etats de son pere ; il prit le parti de chercher à lui faire passer de ses nouvelles & d'en attendre des siennes : ces motifs l'engagerent à remercier la Compagnie qui lui avoit fait proposer une seconde fois de s'embarquer sur un Vaisseau destiné pour les Isles de France & de Bourbon.

Alors la Compagnie touchée de son état, lui avoit fait assi

gner une pension alimentaire, pension modique à la vérité, mais qui suffisoit à sa subsistance ; un Officier de la Compagnie lui en remettoit exactement chaque mois. le montant, mais au bout de l'année ce bienfait a été retiré ; le Prince n'en a pû attribuer la cessation qu'aux pertes qu'essuyoit dans ce temps la Compagnie.

Cependant le jeune Prince prenoit des mesures pour faire parvenir des avis au Roi de Timor. Les Hollandois & les Portugais sont les seuls qui aient des relations dans ce Pays ; on lui a conseillé d'avoir recours à eux ; il a adressé par la voie du Commandant de Bretagne plusieurs Lettres aux Ambassadeurs de Hollande & de Portugal.

Pour donner à ces dépêches & aux faits qu'elles contiennent plus d'autenticité, il a requis devant les Maire & Echevins de l'Orient un acte de notoriété ; après avoir découvert le nom du Capitaine du Vaisseau sur lequel il étoit passé en France avec le Pere Ignace, il a sollicité son témoignage & sur sa demande un Procès-verbal a été dressé le 1761. Dans cet acte sont consignés la déclaration publique que le Prince a faite de sa naissance, son signalement, l'attestation des Officiers Municipaux qui affirment la régularité de sa conduite, & enfin la déclaration du Capitaine de la Chaise qui certifie qu'il le connoît *pour lui avoir donné passage de la Chine en France, avec le Pere Ignace. . . . . que ce Pere le faisoit passer pour son Esclave. . .* qu'il se souvient d'avoir entendu dire au Pere Ignace qu'il avoit demeuré à Solor.

Le Prince de Timor ne pouvoit douter qu'aux premieres nouvelles, son pere ne prodiguât ses trésors pour lui procurer son retour. A la vérité il falloit près de deux ans pour recevoir des réponses ; dans cet intervalle le Prince étoit à l'Orient sans appui, destitué de tout : mais il se consoloit de son indigence en songeant qu'il devoit en sortir avec éclat, il rougissoit moins de recevoir des avances & des secours en songeant qu'il les acquitteroit avec usure.

Cependant le terme attendu est arrivé, sans qu'il ait reçu de réponse, il a écrit de nouveau en Angleterre, en Hollande, en Portugal, il n'a pas été plus heureux, jamais il n'a pû sçavoir quel usage on avoit fait de ses lettres, quel avoit été leur sort.

Tant de tentatives inutiles ont fait connoître au jeune Balthasard que ce n'étoit pas par des voies indirectes qu'il pouvoit se procurer des certitudes & son retour.

Mais une députation expresse & directe, comment la faire passer à Timor? Qui voudroit en avancer les frais, quel Citoyen assez généreux & assez riche en même temps pour rendre à un Etranger abandonné, un service si essentiel? Et d'ailleurs qui pourroit mettre assez de confiance dans ses recits pour hasarder un armement sur sa parole? Le temps qui s'étoit écoulé depuis sa déclaration sans que sa situation eût changé; le silence de ceux à qui il avoit écrit, tout cela n'étoit-il pas capable de justifier la circonspection de ceux qui se seroient refusé à l'assister.

Le jeune Balthasard s'est donc alors occupé du soin de rechercher & de réunir des indices qui vinssent à l'appui de la vérité. Avec quelle constance il a interrogé tous ceux qui pouvoient lui donner quelques renseignemens sur la retraite de celui qui l'a volé? Avec quelle vivacité il a demandé compte de l'existence de son criminel Gouverneur aux Cénobites auquel il étoit associé, & qui sans être responsables de ses actions doivent au moins sçavoir quelque chose de son sort? Avec quelle intrépidité il bravoit la froideur & le dedain qu'ils opposoient à ses instances? Avec quelle sollicitude il remontoit à la ſource du moindre bruit. Sçavoit-il qu'un bâtiment avoit navigué dans les Indes au temps où il en étoit ſorti, il cherchoit la trace de ceux qui l'avoient monté, il les joignoit, il les interrogeoit, il prioit, le peu d'éclairciſſemens qu'il recevoit pour l'ordinaire ne le rebutoit point.

Preuves de l'état du Prince de Timor & de l'infidélité du Pere Ignace.

QUANT au Pere Ignace, les démarches du Prince de Timor ont été infructueuſes. Seulement il a appris qu'au Kernevelles, à une demie lieue de l'Orient, une vieille Cuiſiniere, nommée Marie, avoit vû ce Religieux; qu'il avoit ſéjourné chez le Capitaine la Chaiſe avec un grand nombre de malles & de caiſſes; qu'on ne ſçavoit ce qu'elles renfermoient, qu'on avoit ſeulement vû dans les mains de la dame la Chaiſe, le portrait d'un Roi Negre, garni de pierres brillantes. Dans quel temps le Pere Ignace a-t-il quitté la maiſon du Capitaine la Chaiſe, où s'eſt-il retiré depuis? On l'ignore: ce criminel adroit a échapé à toutes les recherches; peut-être aujourd'hui ſous un nom ſuppoſé, jouit-il dans quelque coin du monde du fruit de ſes richeſſes: peut-être auſſi la providence a-t-elle vengé ſur lui les infortunes qu'a cauſées ſa perfidie. Malheureux! Eh qu'i-m porte à ſa victime ſa félicité extérieure ou ſon obſcure punition! Quelque ſoit ſon ſort en apparence, peut-il avoir échapé à ſes remords, & ne pas gémir dans ſa retraite de ſon châtiment ou de ſon crime!

Quant à ce qui regarde l'état du Prince, il a raſſemblé des notions & des preuves, quelques-unes ſont demeurées imparfaites. La ſituation de l'Expoſant ne lui a pas permis de les approfondir; d'autres ont été développées avec la derniere clarté.

De la premiere claſſe ſont les aveux faits par le ſieur de Meyrac, Capitaine de Vaiſſeaux de la Compagnie des Indes, au ſieur Duclos, Capitaine de la Garde de Paris: ces aveux pourroient peut-être fournir un vaste champ à des conjectures ; mais comme on ne se propose que d'établir des faits, on ne cherchera point à faire naître des présomptions qui peut-être conduiroient trop loin. On se contentera de rappeller les termes de l'entretien du sieur de Meyrac & du sieur Duclos, tels qu'ils ont été écrits dans une déposition faite par le sieur Duclos & certifiée par quatre témoins ; on y lit « que le sieur de Meyrac » étoit près *de jurer & d'affirmer* que l'Exposant étoit fils du » Roi de Solor, que ce Capitaine, qui avoit été à Timor, pré- » tendoit *qu'il y avoit eû une manœuvre diabolique*, pour dé- » pouiller le Prince ; qu'il étoit persuadé que si on pouvoit » lui donner la permission de le reconduire, cette expédi- » tion lui vaudroit *plus de deux millions*.

Le Capitaine Blondel, qui avoit vû le Prince enfant à Macao chez le Gouverneur, a appris en France son infortune par la voix publique : il lui a fait passer son attestation par le canal des personnes qui vouloient bien s'intéresser à son sort. (Cet acte est en date du 24 Décembre 1764, le dépôt en a été fait le dernier Avril 1765, chez Me Perron, Notaire au Châtelet de Paris.)

J'ai vû, dit le sieur Blondel, à Macao, dans le Couvent des » Jacobins le fils aîné du Roi de Timor nommé Lasarre ou » Balthasar de Timor, il avoit pour Gouverneur un Jacobin » Portugais, que je connoissois beaucoup, il avoit pour le » moins vingt Esclaves à ses ordres, il alloit souvent chez le » Gouverneur du Fort, avec le Pere Ignace & le Pere Fré- » manuel. » Le Capitaine Blondel donne ensuite le signalement du Prince d'une maniere qui prouve combien ses traits étoient encore présens à sa mémoire.

Un autre événement bien singulier & bien heureux en même temps, a servi à donner un nouvel éclat à la vérité : l'Evêque de Macao a voyagé en Europe, il a passé à Paris; le Prince s'est présenté chez lui, il n'a point retrouvé à la vérité le Prélat qui autrefois avoit présidé à son instruction. L'ancien Evêque étoit mort, mais le nouveau avoit vû lui-même le Prince chez son Prédécesseur. Il a attesté la naissance de l'Exposant à un grand nombre de personnes qui se sont rendues chez lui à ce sujet. Il se seroit chargé de le reconduire à Macao si des affaires qu'il avoit à terminer à Rome & en Portugal ne lui avoient fait prévoir qu'il résideroit plusieurs années en Europe. On a oui dire depuis qu'il avoit été enveloppé dans les affaires de ces Religieux dont la proscription a fait tant de bruit, & qu'actuellement encore il étoit détenu à ce sujet en Portugal.

Les faits dont ce Prélat avoit rendu compte, n'étant consignés dans aucune piéce écrite, des personnes qui prennent part à la situation du Prince se sont adressées au Révérend Pere Prieur des Augustins de Paris, chez lesquels l'Evêque de Macao a fait sa résidence, voici quelle a été la réponse de ce respectable Religieux. L'original est entre les mains de l'Exposant. « Ma » plume vous donne ces titres, parce qu'ils sont au fond de » mon cœur, *tout ce qu'on vous a dit du Prince de Timor,* » *est extrêmement vrai,* il est venu voir plusieurs fois l'E- » vêque de Macao qui l'a vu en Chine & qui le connoissoit » pour le fils du Prince Souverain, ou Roi de Solor & de Ti- » mor; un de ses intimes amis & de ses compatriotes, aujour- » d'hui Intendant des Isles de France & de Bourbon, m'a as- » suré autrefois qu'il étoit véritablement le fils du Roi de » Timor.

Un Magistrat recommandable & digne à tous égards de la haute considération dont il jouit, a voulu prendre par lui-même des éclaircissemens, il s'est adressé au Gouverneur des Isles de France,

France, qui avant d'obtenir la place qu'il remplit, a commandé des Vaisseaux & a fait divers voyages aux Moluques & à Timor même. On voit par sa réponse quel éclat avoit fait dans les Indes la disparution du fils d'un Roi puissant ; la lettre fait présumer qu'on avoit fait des recherches sur-tout à Macao de la part du Roi de Timor. L'original est entre les mains du Magistrat.

» Le Mémoire que vous m'avez envoyé, Monsieur, me pa-
» roît véridique autant que j'en peus juger par les connoissan-
» ces que j'ai acquises à l'Isle de Timor où je passai en 1755,
» j'avois oüi parler à Macao dès 1751 du Dominicain Ignace,
» qui avoit emmené un fils du Roi ou chef de Timor. L'a-
» venture de ce fils me paroît très-véritable. *Signé*, POIVRE.

Voici un autre témoignage. Il est assez rare que les François voyagent à Timor : cette Isle où il ne seroit peut être pas difficile de faire provigner une branche du Commerce, n'a eu jusqu'ici aucune relation directe avec la France ; cependant on a fait connoître au Prince un Chirurgien François qui y a fait un assez long séjour, il se nomme Antoine-Alexandre de Semtair, il a été attaché au service de la Compagnie Hollandoise, en qualité de Chirurgien Major. Le Prince s'est enquis avec empressement de ce qui concernoit ses Parens & sa Patrie. Entre les objets que le sieur de Semtair a examinés avec l'attention d'un Voyageur transporté à l'extrémité du globe, le Roi avoit sur-tout attiré sa curiosité : ce qu'il en a dit à l'Exposant, il l'a consigné dans une déclaration faite en présence de témoins constitués en dignité, (*a*) & reçue le

---

(*a*) M. le Chevalier de Forges, Chevalier de Saint-Louis, Chambellan de Sa Majesté le Roi de Pologne, Ecuyer de Main de Sa Majesté le Roi de France.

17 Septembre 1767 à Paris par les Notaires Mathon & Magnyer. Le Déposant atteste & certifie pour vérité que » vers la fin de » 1754, étant sur le Vaisseau l'Oliphante, il a relaché à l'Isle » de Java, d'où il s'est rendu à celle de Timor, qu'il y a résidé six » mois, qu'il a appris *que le fils aîné du Roi étoit absent*, qu'on l'avoit » envoyé voyager en Europe, sous la conduite d'un Dominicain » Portugais. Le Sr de Semtair ajoute » qu'il a vu plusieurs fois le » Roi à Animalthe ou Animaltie sa Capitale, qu'il peut être âgé » de soixante-trois ou soixante-quatre ans » : on voit dans le même acte que la Capitale est grande & très-habitée, qu'il y a dans l'Isle un terrein qui produit de la poudre d'or, qu'indépendamment des épiceries & des Forêts de Bois de Santal on y trouve des topases, des rubis, des saphirs d'eau & d'autres pierres précieuses : il finit par dire que la personne qui se dit fils du Roi de Timor & de Solor a tous les traits de son pere & est comme les naturels de l'Isle de Timor.

Tous ces témoignages sont écrits, authentiques & signés par des personnes dignes de foi. Il en est d'autres dont on pourroit faire usage & qui ne seront cités que surabondamment, parce qu'ils n'ont pas été recueillis dans une forme probante ; tel est celui d'un Matelot nommé Lambert, qui a monté le Navire la Colombe, & qui dans un relache à Timor, a entendu dire que le Roi de cette Isle étoit fort inquiet & fort affligé à l'occasion d'un fils qu'il avoit fait passer en Europe, & dont il n'avoit aucunes nouvelles. Tel est celui de la Coëfeuse de l'Epouse du Capitaine la Chaise qui vit dans les mains de cette Dame un Portrait d'un Roi Negre, dont on faisoit admirer la richesse. L'Exposant est même instruit que des Lettres ont été écrites en dernier lieu, par M. Dumas, Gouverneur des Isle de France, & ont été représentées à M. le Lieutenant de Police il sçait qu'elles apprennent entr'autres choses que le Roi de Timor son Pere vit encore.

A ces déclarations pour lesquelles le Prince a eu le bonheur de remonter à la source, joignez les bruits vagues qu'il a recueillis sans pouvoir remonter au principe, & qui n'étoient pas sans doute destitués de quelque fondement; c'est ainsi que l'on a assuré que le Roi de Timor après la fuite du Dominicain Ignace, avoit fait punir du dernier supplice, plusieurs des Confreres de ce Religieux soupçonnés de complicité; c'est ainsi qu'on lui a dit que son pere avoit dépouillé de plusieurs établissemens les Hollandois, parce que quelques uns d'entr'eux supposant une mission de la part du fils qu'il cherchoit, avoient abusé le Prince, & lui avoient enlevé des sommes importantes pour subvenir aux frais d'un voyage imaginaire; peut être ne manque-t-il à ces assertions que d'être approfondies, & quelle force ne donneroient-elles pas aux autres preuves qu'on rapporte?

Et si ces preuves multipliées, si les éclaircissemens qui ont été pris secrettement, avoient pû laisser des doutes, croira t'on que les Magistrats éclairés qui veillent avec tant de succès à la manutention de la Police, n'auroient pas réprimé la hardiesse de celui qui en auroit imposé au Public. Auroient-ils permis que le Prince portât au milieu de la Capitale, des titres trop respectables pour être jamais usurpés impunément? Auroient-ils souffert qu'il eût trompé par un mensonge grossier la pitié crédule de tant de Citoyens qui se sont intéressés à son sort.

Objets des demandes du Prince de Timor.

La vérité des récits du Prince a paru si peu suspecte que le 7 de Décembre 1764, un Négociant connu, (a) a pris envers

(a) Le sieur Martel de l'Orient.

lui les engagemens les plus authentiques & lui a fait les avantages les plus considérables ; il a simplement demandé que le Prince obtînt de Votre Majesté, la permission d'expédier un ou deux Navires pour l'Isle de Timor. Le traité a été souscrit devant Notaires à Paris. Le Négociant s'engage de fournir un ou deux Navires sur lesquels le Prince pourra embarquer ses Députés. Il se soumet à lui payer 10000 livres au moment du départ & 2400 livres par mois pendant la durée du voyage qu'il suppose devoir durer deux ans.

Le Prince a sollicité cette *permission* qu'il réclame encore aujourd'hui : ses supplications ont été secondées par les personnes qui ont bien voulu dans le cours de cette affaire, l'honorer de leur appui. Il a senti dans cette occasion que ce n'étoit pas sans sujet qu'il s'étoit félicité d'être tombé chez une Nation célébre dans l'Europe par sa générosité. Il a éprouvé que si les hommes qui la composent sont bons & officieux, les Ministres qui la régissent sous les ordres de VOTRE MAJESTÉ, sont grands & sensibles. M. le Duc de Praslin a bien voulu lui promettre des facilités pour son retour ; mais les égards qu'on a crû devoir à une Compagnie de Commerce n'ont pas permis sans doute à ce Ministre de déployer sa bienfaisance dans toute son étendue. Le Prince n'a reçu ses bontés qu'avec des modifications qui lui ont ôté la possibilité d'en profiter. On n'a pas cru devoir accorder la permission d'expédier deux Vaisseaux pour les Indes ; parce qu'un privilége exclusif interdit cette navigation à tous autres bâtimens qu'à ceux de la Compagnie. La premiere Lettre écrite au nom du Ministre, est conçue en ces termes.

» Le Ministre à qui j'ai rendu compte du Mémoire du Prince » de Timor, n'a pas cru devoir lui accorder la permission » d'envoyer deux bâtimens aux Isles de Solor & de Timor,

» mais il paroît très-disposé à procurer à *ce Prince* toutes sortes » de facilités pour qu'il puisse retourner en son Pays en sûreté: » on le fera embarquer sur un des premiers vaisseaux qui partira » pour l'isle de France, & M. le Duc de Praslin écrira en » même-temps à M. Poivre, cité dans le Mémoire, comme » ayant connoissance des faits qui y sont employés, de pren- » dre les arrangemens qui lui paroîtront convenables pour le » faire passer de l'Isle de France à celles de Solor & de Timor; » mais avant de donner ses ordres à ce sujet, le Ministre desire » de sçavoir si cet arrangement convient à ce Prince; il m'a » chargé en conséquence de vous prier de le lui demander & » de me le mander. J'ai l'honneur. *Signé*, DUBUCQ.

Le parti qu'on proposoit à ce Prince, par cette Lettre, ne levoit point les difficultés qui l'avoient arrêté dès le principe; elles s'étoient accrues dans l'intervalle de son séjour; il ignoroit si le Royaume de Timor seroit encore à son départ dans les mains de son pere; il ignoroit si son héritage ne seroit point tombé à l'un des puînés; il ne sçavoit quel accueil lui & ses conducteurs pourroient se promettre. Le danger dont il auroit été menacé en particulier n'étoit pas ce qui l'arrêtoit davantage, mais il avoit des dettes en France: des Citoyens honnêtes & sensibles avoient sacrifié une partie de leurs biens, ils avoient même pris sur leur propre subsistance pour soulager un infortuné. Etoit-il permis au Prince de compromettre tout ce qui faisoit leur sûreté, en exposant inconsidérement ses jours? Devoit-il répondre par une démarche si légere à leur confiance? Devoit-il payer de cette indifférence pour lui-même la commisération qu'ils lui avoient accordée.

Le Prince a fait présenter ces observations au Ministre, qui avoit bien voulu ne pas gêner son choix; elles ont été trouvées justes; mais les oppositions constantes dans lesquelles la Com pagnie paroit avoir insisté, ont continué de nuire à l'admission de sa priere ; c'est ce qu'il doit inférer d'une seconde lettre, écrite de la part de M. le Duc de Praslin ; elle est du 7 Août 1767.

» Je trouve les observations du Prince de Timor très-justes ; » il n'a point au reste été décidé qu'il lui sera donné passage » sur le navire de MM. Blondel & de Beauregard, mais sur un » bâtiment du Roi, par lequel il pourra se rendre à l'Isle de » France ; il pourra aussi, étant dans cette Isle, avoir des » connoissances sûres de ce qui concerne sa famille, & se dé- » terminer en conséquence ; les Administrateurs de la Colonie » lui procureront la faculté de se rendre dans son Pays, lors- » qu'il jugera pouvoir le faire. *Signé*, DUBUCQ.

Quelle reconnoissance le Prince de Timor ne doit-il point à cette attention obligeante ? Avec quels traits n'y doit-il pas saisir le caractère de bienveillance, dont on éprouve les effets dans tous les ordres de la Nation ? Il est pénétré de tout ce qu'il doit aux bontés du Gouvernement ; cependant il voit toujours avec amertume, que la grace étant limitée, ne peut lui être fructueuse : il se voit forcé de donner sa gratitude à des bontés steriles, qui deviennent à son égard le projet d'un bienfait, plutôt qu'un bienfait effectif.

Qu'il soit permis au Prince de Timor d'exposer ici les motifs qui l'obligent à ne pas profiter des offres qui lui sont faites ! Qu'il lui soit permis de considérer quels seroient les effets de la faculté qui lui est accordée, & d'insister sur la nécessité qu'il y auroit à lui donner la permission, dont il a besoin pour le départ d'un ou de deux vaisseaux. Il est libre de passer à l'Isle de France ! Mais quel fruit retirera-t-il de ce voyage ? Qu'aura-t-il avancé lorsqu'il lui restera encore plus de 400 lieues à faire pour arriver à Timor ? Et si dans la Colonie, il ne trouve point l'appui qui lui est si nécessaire; si des Administrateurs, quelquefois divisés entr'eux, le font languir dans l'attente du passage, que deviendra-t-il alors dans une Isle où les mers le sépareront, & des personnes de qui il recevoit des secours, & du Gouvernement qui a bien voulu déférer à leurs sollicitations? Où trouvera-t-il des ames généreuses qui épuiseront leurs ressources pour fournir à sa subsistance? Et quel sera son sort, lorsque la misere, qui attire si promptement le mépris, l'aura exposé à ne plus trouver d'accès auprès de ceux même de qui dépendra son retour?

Il est libre de passer à l'Isle de France! Mais comment quitter le Royaume? Fuira-t-il sans avertir les créanciers, à qui il a si souvent assuré qu'il commenceroit par les satisfaire? Leur laissera-t-il l'idée d'un homme qui les a trompés, par un Roman frivole, pour obtenir d'eux des secours actuels dans des besoins pressans? ou bien ira-t-il avant de partir leur avouer naïvement que toutes ses promesses sont sans effet, & qu'il faut qu'ils consentent à perdre ce qui pouvoit leur donner quelque confiance? Leur apprendra-t-il qu'il ne doit plus leur rester d'autre sûreté que l'espérance d'une arrivée, sur laquelle il oseroit alors si peu compter lui-même.

Le Prince Baltazar est libre de passer à l'Isle de Bourbon! mais de-là, comment sera-t-il conduit à Timor? En supposant toutes les autres difficultés applanies, seroit-il séant qu'il s'embarquât sur le premier vaisseau marchand qui pourroit le rendre accidentellement à Solor ou à Timor? Quelle idée, son arrivée porteroit-elle dans ces contrées de la puissance de notre Nation? Comment prouveroit-il les bienfaits de VOTRE MAJESTÉ à son égard, lui qui se feroit un plaisir si vif de relever la gloire de VOTRE MAJESTE' & de ses Peuples! lui pour qui il feroit si satisfaisant de faire connoître que le Roi des François est digne de protéger les Rois & de recevoir leurs hommages. Ah ! Si jamais les bontés de VOTRE MAJESTE' le rendent à sa patrie ; si jamais le sort le place dans le rang pour lequel il est né, quel souvenir il conservera d'un Pays qui a été pour lui une seconde patrie ? quel respect il aura pour des Peuples, parmi lesquels il se seroit cru heureux de passer sa vie, s'il n'eût pas été appellé à faire le bonheur d'une Nation éloignée, en lui inspirant les mœurs dont il a pris les leçons en France ?

D'après ces raisons, qui sont les mêmes que le Prince de Timor avoit d'abord présentées au Ministre, & qui ont été *trouvées justes*, il ose espérer que VOTRE MAJESTE' voudra bien regarder d'un œil favorable les deux partis qu'il propose aujourd'hui pour faciliter son retour. Il supplie VOTRE MAJESTE', ou de lui accorder la *simple permission de faire partir un ou deux vaisseaux*, ou de vouloir bien *les envoyer elle-même en son nom*, ce qui seroit plus avantageux & leveroit toute difficulté.

Le Prince sçait que le motif qui a déja fait rejetter la premiere de ses propositions subsiste toujours ; il sçait combien les droits d'une Compagnie puissante mettent d'obstacles au succès de sa demande ; il ne lui appartient pas de mesurer le dégré de considération que doit obtenir cette Compagnie : étranger & malheureux, il n'a pas le droit de demander que des Sujets du Roi souffrent un préjudice, afin qu'il reçoive une grace ; c'est assez qu'on lui accorde des secours ; ce seroit trop qu'on fît violence aux régles.

Mais les regles seroient-elles effectivement violées par la concession qu'il demande ? La Compagnie des Indes recevroit-elle un préjudice effectif ? Il supplie VOTRE MAJESTE' de considérer que les concessions des priviléges exclusifs supposent toujours des réserves faites par le Souverain qui les accorde : aucun particulier

lier ne peut à la vérité s'arroger un droit semblable au droit du privilégié ; mais le Souverain n'est pas lié lui-même pour cela : il peut lever l'interdiction à l'égard de quelques-uns de ses Sujets ; cette liberté dont il veut bien n'user qu'avec modération, est toujours la condition essentielle, sous laquelle il donne les permissions privatives ; une foule de faits & d'exemples justifient ce principe.

Quant au préjudice que l'on craint de porter à la Compagnie, seroit-il possible qu'elle en ressentît le plus léger ? Elle a seule la faculté de faire le commerce au-delà du Cap de Bonne Espérance ; mais elle ne fait aucun commerce ni à Timor, ni à Solor ; elle n'a aucun comptoir dans ces Isles ; elle ne pourroit y en avoir qu'autant que le Souverain qui les gouverne lui en accorderoit la permission. Quel intérêt a-t-elle donc de s'opposer à ce qu'un navire rapporte de Timor des richesses & des marchandises qu'elle ne peut elle-même acheter ? Quel avantage trouvera-t-elle à empêcher un navire marchand françois de se faire recevoir dans un Pays où les Portugais & les Hollandois ont été jusqu'ici exclusivement accueillis ? Et qui sçait si cette occasion ne feroit pas naître une nouvelle branche de commerce, qui dans la suite deviendroit fructueuse pour la Compagnie elle-même ? Qui peut douter, que touché de reconnoissance pour le procédé des François, le Roi de l'Isle ne leur accordât des facilités & des distinctions, dont la Compagnie auroit seule dans la suite le droit de jouir.

L'avantage qui pourroit résulter de cette expédition, n'a pas échappé aux Etrangers : des Sujets d'une Nation entreprenante & voisine de la France, ont fait au Prince de Timor les propositions les plus avantageuses ; ils s'engageoient à payer ses dettes & à le conduire à Timor, mais le Prince ne leur a pas laissé ignorer qu'il avoit trouvé les mêmes avantages en France, & qu'il n'avoit plus besoin pour en profiter que de l'autorisation de VOTRE MAJESTE'; les mêmes raisons qui l'avoient empêché de s'embarquer, il y a plusieurs années, sur les vaisseaux de la Compagnie, ne lui ont pas permis de se confier à un Peuple qu'il respecte, mais qu'il ne connoît pas: les trahisons qu'il a éprouvées l'ont rendu défiant; d'ailleurs, il a appris à aimer la Nation, même chez laquelle il a été malheureux, & il est fortement prévenu de l'idée, que ce n'est que par elle qu'il doit cesser de l'être.

Craindroit-on que l'exemple de la concession qu'il sollicite ne tirât à conséquence? Mais les concessions, tant de fois faites à des Malouins, les traités passés & exécutés avec M. Crozat, ont-ils porté atteinte aux droits de la Compagnie? Mais la circonstance dans laquelle l'Exposant se présente aujourd'hui, n'est-elle pas assez favorable pour mériter une exception. Eh! que la Compagnie se rassure, si des malheurs aussi grands que ceux du Prince de Timor, peuvent seuls légitimer des permissions, elle ne verra point renouveller ses craintes: non, jamais elle n'en pourra redouter une seconde.

Si donc on s'est opposé au succès de la demande dont il s'agit, on ne peut croire que des Administrateurs éclairés l'ayent fait de leur propre mouvement; ils ont suivi sans doute l'impulsion des subalternes; ils se sont rendus aux clameurs de ces Officiers, qui profitent de leur sejour pour faire le cabotage dans les Isles de Timor, & qui ctaignent de se voir enlever le bénéfice qu'ils retirent de ce commerce: qui sçait même s'il n'est pas des motifs plus puissants encore qui les sollicitent, & qui font que le Prince trouve en eux des Adversaires d'autant plus redoutables qu'ils ne sont pas connus.

Au reste, s'il n'est pas permis à des particuliers, à de simples Négocians, de profiter de cette occasion avantageuse, pourquoi VOTRE MAJESTE' elle-même n'enverroit-elle pas deux vaiſſeaux en ſon nom à Timor? Ne peut-on pas regarder comme une affaire d'Etat une expédition qui auroit pour objet, de rendre le fils d'un Roi à ſon pere; d'établir par cet acte éclatant une alliance durable avec ce Prince étranger, & ce qui eſt peut-être d'une utilité auſſi réelle, quoique moins ſenſible, de répandre dans toutes les Iſles de l'Orient la réputation de la grandeur de VOTRE MAJESTE', & de ſa bienfaiſance.

Avec quels tranſports de joie & de reconnoiſſance le Souverain accueilleroit ces François généreux qui viendroient pour réparer la perfidie du Dominicain Portugais! De quel reſpect ce Prince, ſi long-tems abuſé, ſeroit pénétré pour le Roi éloigné, qui ſans le connoître auroit étendu juſqu'à lui ſes bienfaits! Quels tréſors, quelles libéralités pourroient payer les hommes envoyés de la Providence, qui préſenteroient des preuves indubitables de la vérité de leurs diſcours, & qui lui diroient; ce fils que vous avez ſi long-tems cherché, que vous chériſſiez ſi tendrement; votre fils aîné vit encore; *il* eſt parmi nous, & l'attention compatiſſante du Souverain qui nous a députés, va le rendre à ſon pere.

Et ſi ce pere reſpectable ne vivoit plus, ſi l'un des freres de l'Expoſant étoit monté ſur le Trône, qui doute que le nouveau Roi ne prît des meſures pour engager l'héritier du Trône à lui en laiſſer la poſſeſſion? Qui doute qu'alors il n'aſſurât à ſon frere de quoi ſe procurer dans ſa retraite une ſubſiſtance convenable à ſon rang? S'il en étoit ainſi, le Prince de Timor en fait la déclaration formelle devant VOTRE MAJESTE': il renonceroit à cette patrie dont le ſort l'a éloigné, dans un âge ſi tendre; il renonceroit à un Royaume dont ſon infortune l'auroit exclus; ſa conſolation ſeroit de vivre ſous la domination d'un Souverain, chéri de ceux qui le ſervent; & d'uſer de ſa fortune, quelle qu'elle fût, parmi des hommes qui ne l'ont pas entierement abandonné lorſqu'il étoit dans l'indigence.

Quelque fût l'évenement du voyage entrepris au nom de VOTRE MAJESTÉ, le produit qui en résulteroit seroit tout entier au profit de l'Etat, & que l'on juge de son importance par les avances que les spéculateurs ont consenti de faire au Prince de Timor: si un Capitaine, qui connoissoit les lieux, s'est flatté de rapporter, en reconduisant le Prince, plus de deux millions, même sans faire aucun commerce; si un Négociant s'est soumis par un traité à payer 10000 liv. comptant au Prince, & à lui faire une pension de 2400 liv. par mois jusqu'au retour des vaisseaux: peut-on douter qu'il eût été assuré du bénéfice immense qui pourroit revenir de ce voyage? Et combien ce bénéfice ne seroit-il pas augmenté, lorsque la solemnité de la députation sembleroit donner plus de grandeur au bienfait, & exiger des marques plus étendues de reconnoissance.

Mais sur quelles assurances entreprendre un voyage si long? Comment envoyer au hasard des Vaisseaux dans une Isle où la France n'a pas de relation? Sur quelles assurances? Eh quoi! Les attestations que le Prince a rapportées, sont-elles donc des indices foibles, sont-elles des preuves équivoques de la certitude de sa naissance? Les reconnoissances du Capitaine même sur le Vaisseau duquel il a été conduit en France; les dépositions d'un autre Capitaine qui l'a vu & connu dans les Indes, qui le certifie en son ame & conscience; les aveux d'un autre Capitaine qui déclare qu'il est près de jurer qu'il est ce même Prince que des manœuvres diaboliques ont enlevé à ses parens; les attestations d'un Chirurgien François qui a vu à Timor le Pere du Prince; les Lettres des Gouverneurs des Isles de France & de Bourbon; tous ces témoignages sont-ils donc des preuves de la fidélité desquelles on puisse douter? Eh si elles étoient insuffisantes pour donner des certitudes entieres, à quelles preuves faudroit-il désormais accorder de la confiance?

Qu'on réfléchiffe encore fur la nature de la demande du Prince ; qu'on examine les effets qui doivent en fuivre l'obtention ; fi on peut avoir eû l'injuftice de le comparer à quelques-uns de ces impofteurs qui fe font parés en France d'un titre fuppofé ; qu'on daigne au moins raprocher leur conduite de la fienne. On a vu dans l'autre fiécle un prétendu fils du Roi des Abyffins, (a) parcourir les cours de l'Europe : il débitoit qu'il avoit pris la fuite & vu enlever fes tréforts après la perte d'une bataille qui avoit couté à fon pere le trône & la vie. Un Souverain de Trébifonde, Généraliffime de la Mer noire, a paru peu de temps après, (b) il avoit, difoit-il, quitté fes Etats par efprit de pénitence : & après s'être laiffé voler par fes Efclaves, il s'étoit fermé toute efpérance de retour en embraffant la Religion Chretienne. On a vu encore un Prince (c) Perfan, chaffé, difoit-il, de Candahar au temps où le Sophy de Perfe en avoit fait la conquête fur le Mogol, & d'autres dont il feroit trop long de faire ici la lifte ; mais l'hiftoire même de ces prétendus Princes, la fituation dans laquelle ils fe fuppofoient ne faifoient-elles pas affez preffentir leurs vues? Quel étoit leur point effentiel ? Ils vouloient perfuader qu'il leur étoit impoffible de retourner dans leurs prétendues Patries, & furtout qu'ils ne pouvoient plus en tirer de fecours. Leur objet étoit de mettre

---

(a) Zaga-Chrift, mort à Paris en 1638.

(b) Mahomet-Bey, en 1650.

(c) Seif Aga dans le même temps.

à contribution la générosité des Princes de l'Europe. On les a vu traités effectivement en Princes & soutenus de la libéralité du gouvernement, jouir paisiblement du fruit de leur adresse & se consoler de leur exil.

Lui ! Il n'a jamais demandé, rien réclamé de plus, que les moyens de retourner surement dans son Pays, il ne sollicite la permission de faire partir une députation que pour se procurer cette sureté. Pendant le voyage il reste en France, mais c'est pour y laisser perpétuellement à ses Créanciers la sureté qu'ils perdroient par son départ, il est en quelque sorte l'otage du retour des Vaisseaux, sa présence répond de la réalité des faits sur la foi desquels ils partent. Oui, il l'a souvent déclaré & c'est devant VOTRE MAJESTE' qu'il en renouvelle la déclaration solemnelle. Sa personne & sa vie sont au pouvoir de l'Etat ; si au retour des Vaisseaux dont il sollicite le départ, il paroît avoir offensé la vérité ; il n'est point de punitions rigoureuses auxquelles il se refuse, & il les aura toutes méritées.

A la vérité, il faudra que le Prince de Timor pour attendre le retour de ces Vaisseaux, se repose de nouveau sur la bienveillance des personnes dont la générosité a été souvent rechercher sa misere. (a) Il se feroit sans doute trouvé bien plus honoré de devoir ce secours momentané au soin paternel de VOTRE MAJESTE'. Mais il n'a jamais sçu faire de sa naissance un titre pour mandier des pensions & des égards. Surtout il craindroit de faire injure à la bienfaisance de VOTRE MAJESTE' en l'avertissant des besoins du fils d'un Souverain réfugié dans ses Etats ; & ce n'est point à la Cour de France que des graces de cette nature ont ordinairement besoin d'être provoquées.

(a) Le Prince de Timor a été accueilli par M. Chevalier Médecin du Roi & du corps de Son Altesse l'Electrice de Baviere ; c'est aux soins de ce Citoyen recommandable à tant d'égards, que le fils d'un Roi est actuellement redevable d'un asile.

Que reste-t-il à ajouter à ces observations ? La sensibilité du Monarque auquel le Prince adresse ses supplications, fera ſans doute plus en ſa faveur que les inſtances les plus vives ; cette munificence de nos Rois ſi célébrée, cette grandeur à l'ombre de laquelle les Stuard, les Caſimir & tant d'autres ont trouvé un abri contre l'infortune, (a) toutes les conſidérations ſemblent ſe réunir pour lui promettre que ſa demande ne ſera pas rejettée. Se pourroit-il qu'à ſes calamités paſſées, il ajoutât la diſgrace d'être le ſeul parmi les illuſtres infortunés qui auroit éprouvé à la Cour de France des dedains & des rebuts !

SIRE, le Prince de Timor met dans la grandeur & dans la bienveillance de VOTRE MAJESTE' tout l'eſpoir qui lui reſte après tant d'infortunes ; il oſe croire, il oſe s'aſſurer que ſon attente ne ſera point trompée, il ſe flatte que ſa reconnoiſſance ſuivra de près ſa priere. Puiſſe VOTRE MAJESTÉ jouir long-temps de la félicité que lui promettent l'amour de ſes Peuples & la puiſſance de ſon Empire ! Puiſſe ſa famille glorieuſe ne jamais connoître l'infortune que pour la réparer !

(a) *Et la Cour de* LOUIS, *eſt l'aſile des Rois*, dit un François célébre.

Me. LETHINOIS, Avocat.

A PARIS. De l'Imprimerie de KNAPEN, au bas du Pont Saint Michel, 1768.

www.ingramcontent.com/pod-product-compliance
Ingram Content Group UK Ltd.
Pitfield, Milton Keynes, MK11 3LW, UK
UKHW021209230726
13926UKWH00001B/403

9 782014 446456